Bildwörterbuch für Kinder

Dudenverlag
Mannheim · Leipzig · Wien · Zürich

Inhalt

Bibliografische Information der Deutschen Bibliothek
Die Deutsche Bibliothek verzeichnet diese Publikation in der Deutschen Nationalbibliografie; detaillierte bibliografische Daten sind im Internet über http://dnb.ddb.de abrufbar.

Idee und Entwicklung: DK Dorling Kindersley

Originaltitel: My First Word Book (2002 edition)
Fotografiert von Andy Crawford, Steve Gorton, Dave King und Ray Moller

Das Werk wurde in neuer Rechtschreibung verfasst.

Übersetzung: Caroline Lerch
Lektorat: Katja Schüler
Gestaltung, Satz und Herstellung: juhu media, Susanne Dölz, Bad Vilbel
Umschlaggestaltung: Mischa Acker
Druck und Bindung: Stalling GmbH, Oldenburg
Printed in Germany

ISBN 3-411-07051-X

Vorwort

Voller Neugier entdecken Kinder ihre Welt. Jede neue Erfahrung weckt den Wunsch, das Gesehene auch in Worte zu fassen. Denn Erleben und Benennen, Weltwissen und Sprachwissen gehen Hand in Hand. Der Reiz des Unbekannten und die Freude am Wiedererkennen fördern den Lernprozess des Kindes.
Auf großzügig gestalteten Doppelseiten bilden 36 Themenfelder konkrete Sachverhalte aus der unmittelbaren Lebenswelt des Kindes ab. Schrittweise sind abstrakte Inhalte eingeflochten, die das Kind behutsam über seinen Wissenshorizont hinausführen. So entsteht ein erster Grundwortschatz, der neben Substantiven und Adjektiven auch zentrale Verben umfasst, die den Grundstein für erste Satzbildungsmuster legen.

Klare und lebendige Farbfotografien stützen das bildliche Lernen und geben wichtige Impulse für den sprachlichen Austausch zwischen Eltern und Kind. Eine optisch enge Koppelung von Bild und Bezeichnung ermöglicht die Speicherung des Schriftbildes im Sprachgedächtnis des Kindes und erleichtert den Erwerb erster Lesefertigkeiten.
Das Bildwörterbuch von Duden begleitet das Kind somit auf dem Weg vom Kindergarten bis in die frühe Grundschulzeit. Es vermittelt Sprachwissen und Sprachbewusstsein und legt einen Grundstein für die dauerhafte Freude an Büchern und am Lesen.

Mein Körper

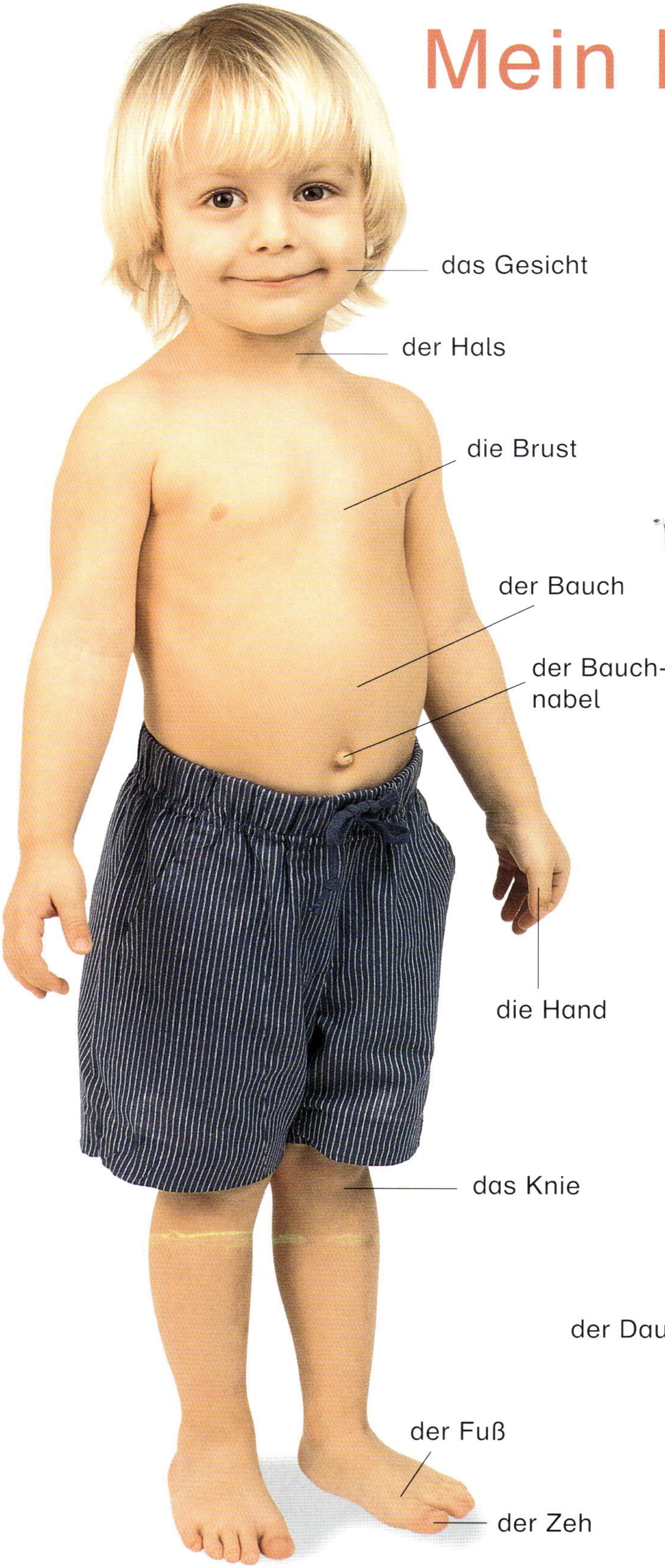
das Gesicht
der Hals
die Brust
der Bauch
der Bauch-
nabel
die Hand
das Knie
der Fuß
der Zeh

rennen
gehen
krabbeln

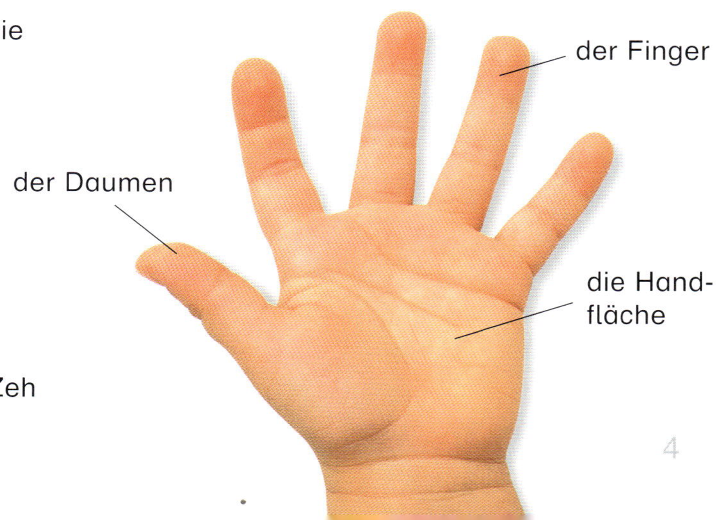
der Finger
der Daumen
die Hand-
fläche

springen
beugen
strecken

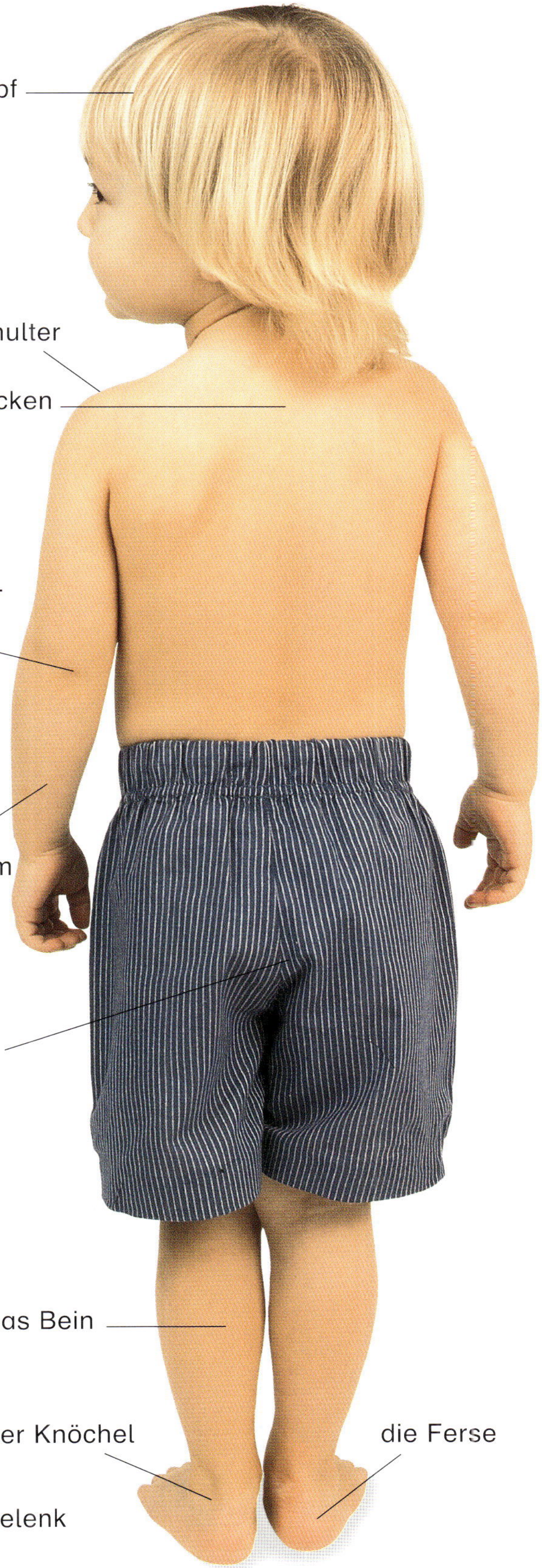
der Kopf
die Schulter
der Rücken
der Ell-
bogen
der Arm
der Po
das Bein
der Knöchel
die Ferse

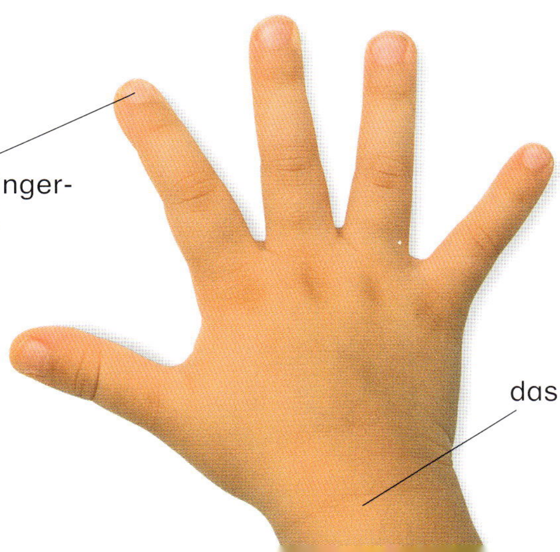
der Finger-
nagel
das Handgelenk

Mein Gesicht

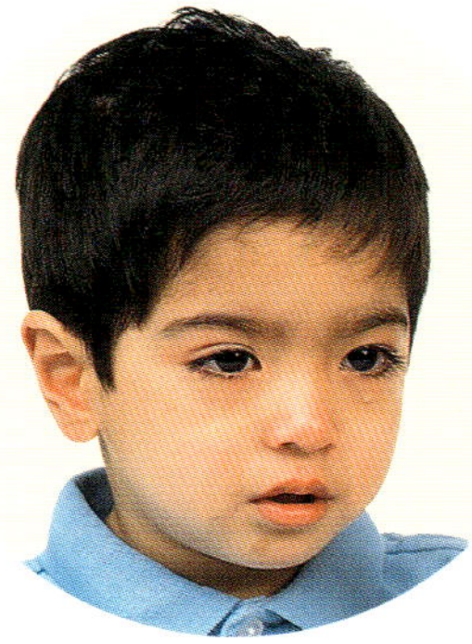

weinen

lachen

traurig sein

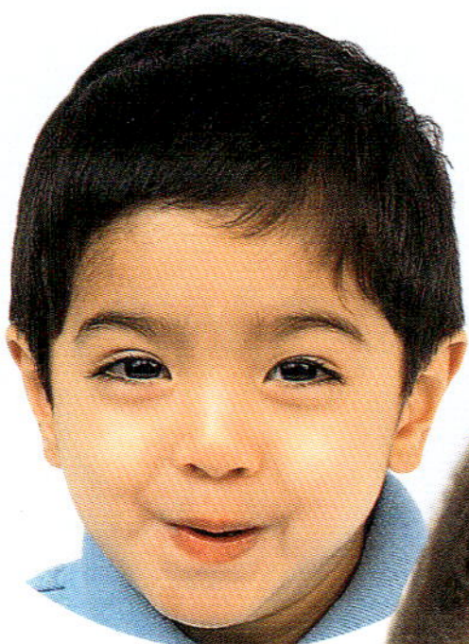

lächeln

Familie und Freunde

der Großvater

der Vater

die Tochter

der Sohn

die Mutter

die Großmutter

die Zwillinge

die Schwester

der Bruder

die Freunde

das Baby

flüstern

küssen

umarmen

Meine Kleider

der Pullover

das Hemd

der Rock

die Jeans

die Hose

die Matschhose

der Mantel

das Kleid

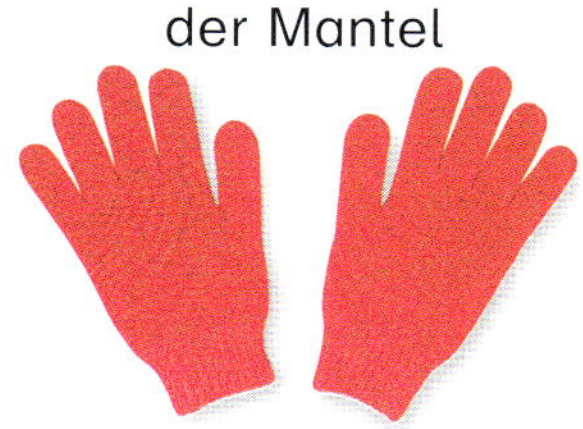
die Handschuhe

die Armbanduhr

die Jacke

das T-Shirt

der Schlafanzug

der Reißverschluss

der Anorak

die Shorts

die Socken

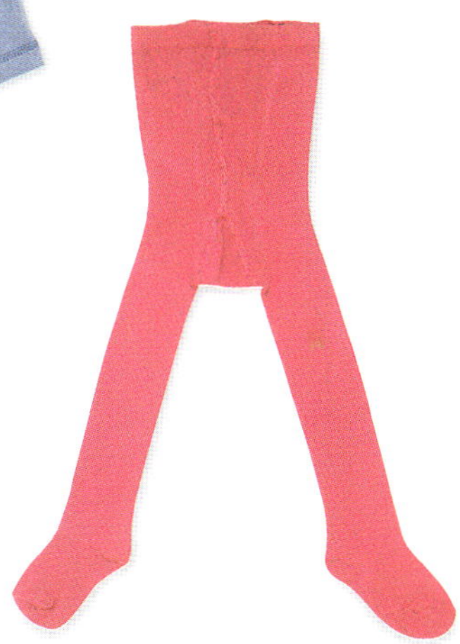

die Strumpfhose

das Unterhemd

die Unterhose

die Turnschuhe

die Sandalen

die Halbschuhe

die Gummistiefel

Bei mir zu Hause

der Schornstein das Dach das Haus

das Fenster die Haustür die Treppe

das Regal

das Kissen

der Teppich

die Schlüssel

der Stuhl

der Tisch

der Vorhang

das Bett das Kinderzimmer

der Kleiderschrank

der Sessel

der Wecker

die Vase

die Lampe

die Stereoanlage

der Fernseher

Im Bad

die Zahnbürste

der Wasserhahn

das Klo

der Waschlappen

der Badeschwamm

das Waschbecken

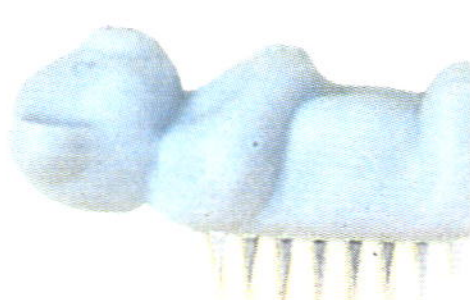

die Nagelbürste

die Zahnpasta

der Spiegel

die Seife

Gesicht waschen

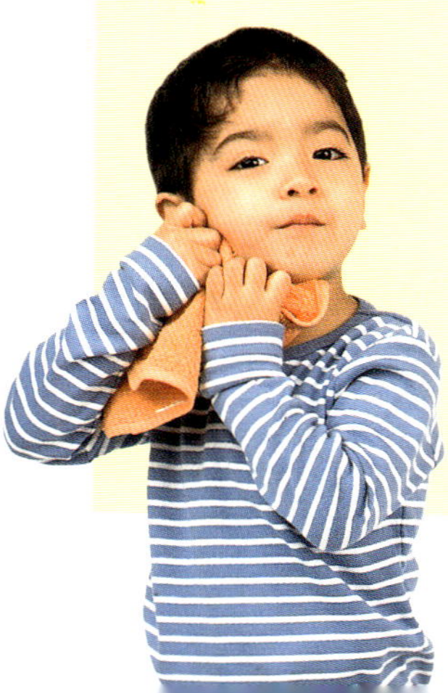

Zähne putzen

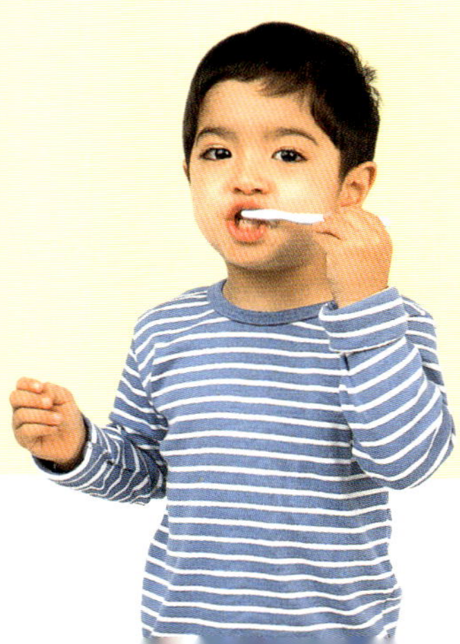

Nase putzen

Haare bürsten

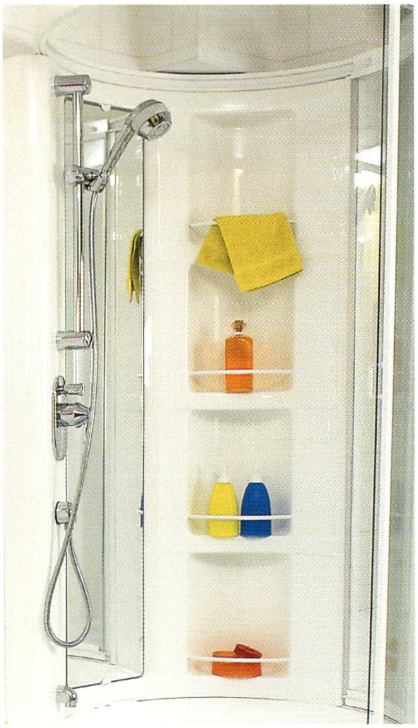

die Dusche

das Schaumbad

das Shampoo

der Kamm

die Haarbürste

das Töpfchen

das Parfüm

die Haarspange

die Badeente

das Handtuch

die Badewanne

In der Küche

das Nudelholz

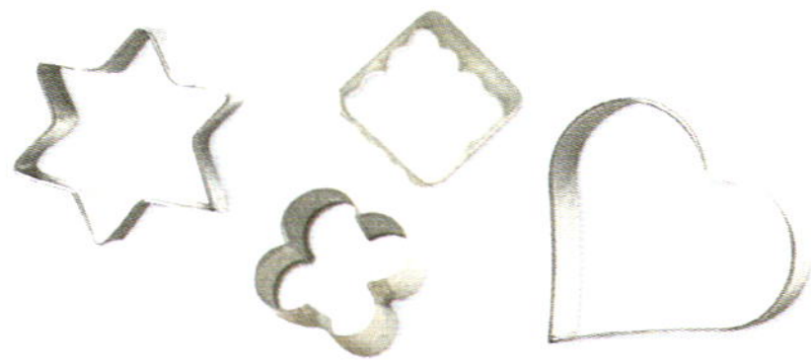

die Ausstechförmchen

die Schüssel

der Mixer

die Schürze

der Topfhandschuh

das Sieb

die Küchenwaage

die Spüle

der Kühlschrank

der Teller

die Serviette

die Tasse

das Messer

die Gabel

der Löffel

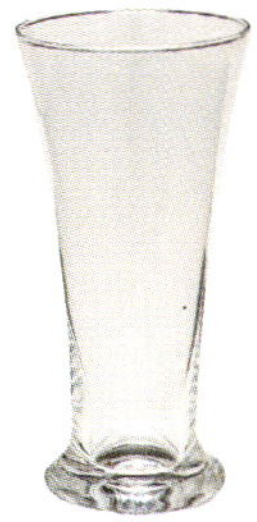

das Glas

der Becher

die Teekanne

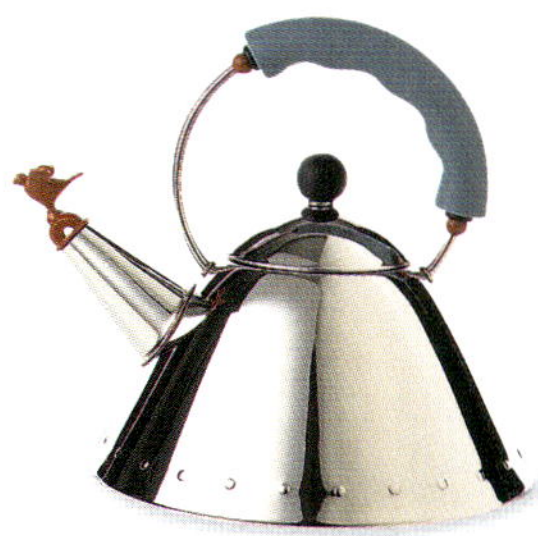

der Wasserkessel

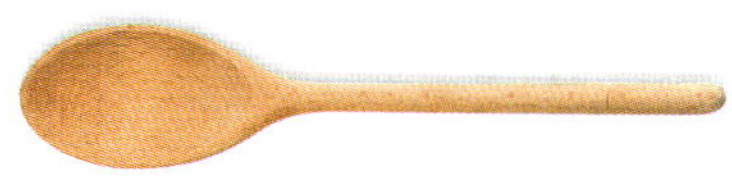

der Kochlöffel

der Kochtopf

die Pfanne

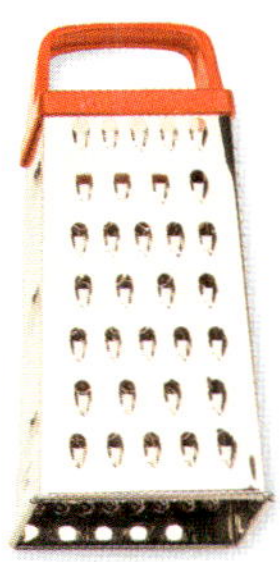

die Reibe

der Herd

der Backofen

Essen und Trinken

der Teller

die Pizza

der Eintopf

das Gemüse

das Fischgericht

das Brötchen

das belegte Brot

der Salat

die Ofenkartoffel

der Hähnchen-
schlegel

der Reis

die Pommes
frites

die Tacos

das Fleisch

der Hamburger

die Soße

die Spagetti

die Obsttörtchen

das Müsli

der Muffin

die Kekse

das Brot

der Milchshake

der Obstsalat

die Eiscreme

die Mahlzeit

essen

trinken

Meine Spielsachen

die Murmeln

die Knetmasse

die Wachsmalkreiden

das Computerspiel

das Brettspiel

das Puzzle

das Bilderbuch

die Spielkarten

die Trommel

die Gitarre

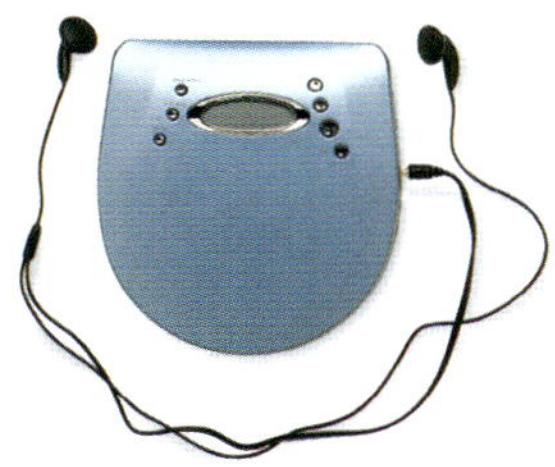
der CD-Player

das Keyboard

das Spielhaus

spielen

das Dreirad

fahren

die Puppe

das Puppengeschirr

das Puppenhaus

der Teddybär

der Roboter

die Spielzeugeisenbahn

die Handpuppen

das Modellauto

schieben

der Puppenwagen

bauen

die Bauklötze

Feste feiern

der Geburtstagskuchen

die Geburtstagsfeier

tanzen

die Einladung

schenken

der Zauberer

der Pirat

die Königin

die Fee

die Hexe

der Cowboy

verkleiden

Haustiere

der Welpe

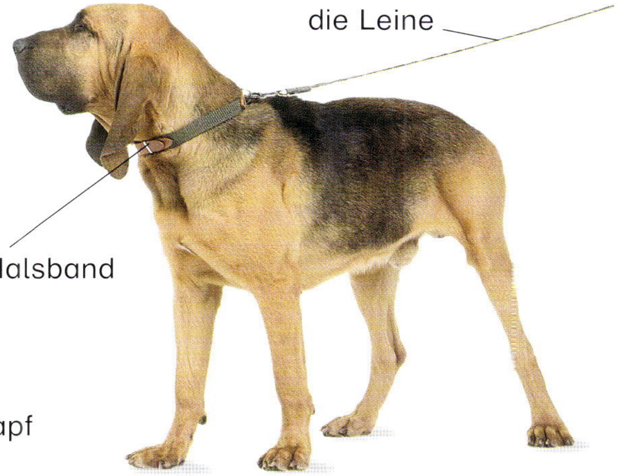

der Hund

der Hamster

die Schildkröte

der Wellensittich

das Meerschweinchen

das Kätzchen

das Pony

die Goldfische

die Katze

der Papagei

Im Garten

der Schmetterling

der Sperling

die Biene

das Beet der Rasen

der Marienkäfer

der Regenwurm

das Baumhaus

die Schnecke

die Raupe

der Rechen

der Geräteschuppen

die Blumenzwiebeln

der Samen

die Blumen

die Schubkarre

der Rasenmäher

die Gieß-
kanne

der Blumentopf

die Schaufel

die Gartenschere

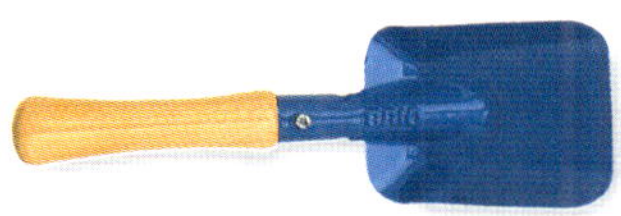

der Spaten

das Planschbecken

der Sandkasten

der Gartenschlauch

der Blumenkasten

das Gewächshaus

In der Werkstatt

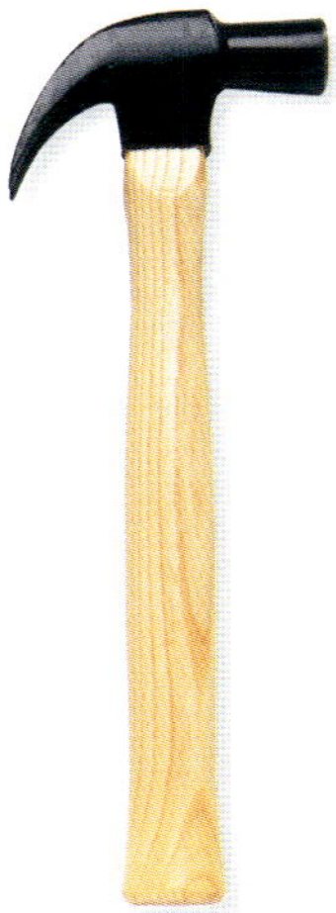

der Hammer

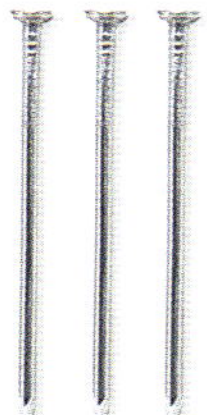

die Nägel

der Schraubenschlüssel

die Kombizange

das Stemmeisen

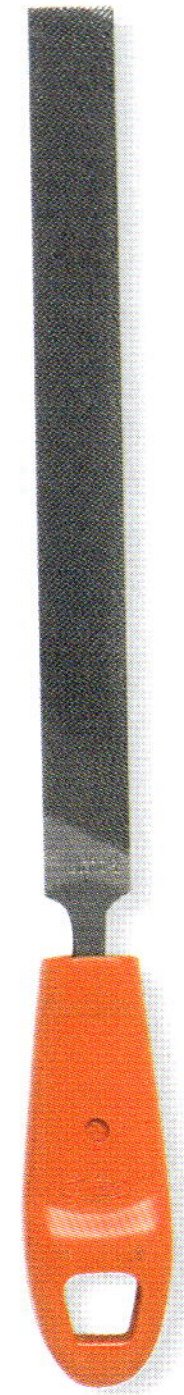

die Feile

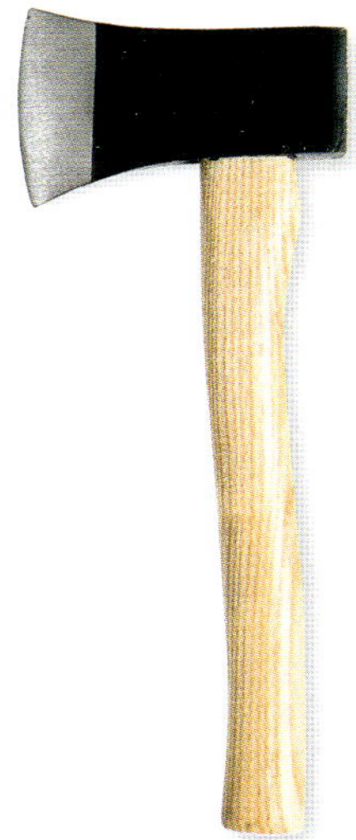

die Axt

die Schrauben-
mutter

die Bolzen

die Wasserwaage

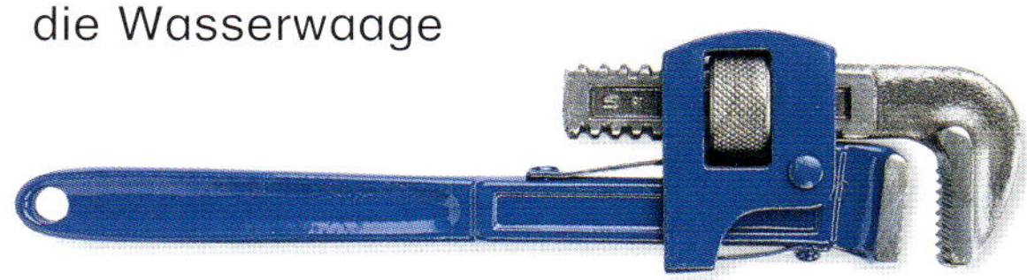

der Engländer

der Werkzeug-
kasten

die Feinsäge

der Hobel

das Sandpapier

der Farbtopf

tapezieren

das Ölkännchen

das Seil

der Pinsel

die Schrauben

der Schraubendreher

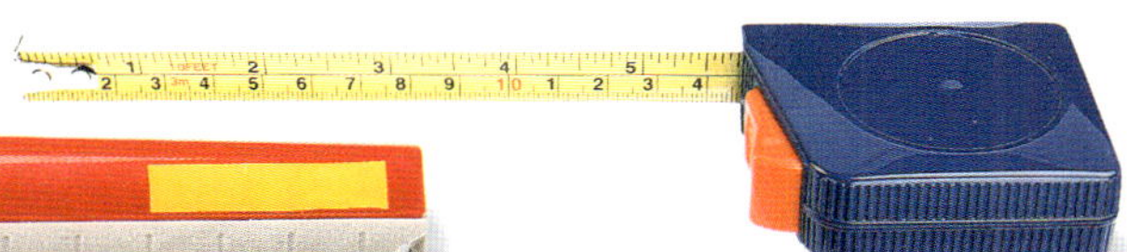

das Bandmaß

die Taschenlampe

die Bohrmaschine

die Leiter

Auf der Baustelle

die Walze

der Kettenbagger

das Mischfahrzeug

die Planierraupe

der Kran

der Radlader

das Baugerüst

der Gabelstapler

das Führerhaus

die Baggerschaufel

der Löffelbagger

der Muldenkipper

Beim Einkaufen

der Blumenladen

die Apotheke

der Obst- und Gemüseladen

die Bäckerei

das Fischgeschäft

die Käsetheke

die Metzgerei

die Einkaufstüte

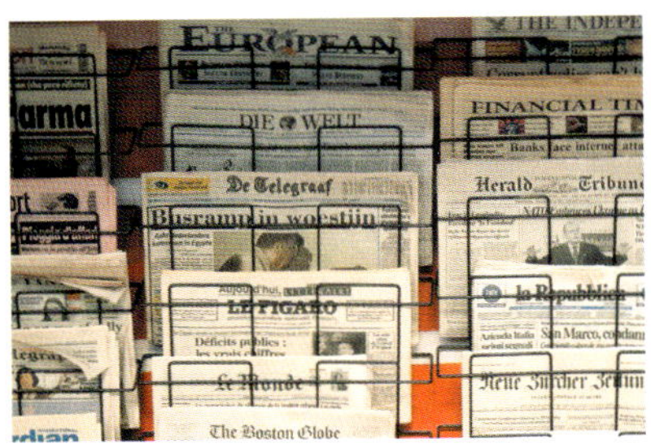

der Zeitungsstand

verkaufen

bezahlen

das Einkaufszentrum

Im Supermarkt

die Bananen

der Apfel

die Orange

die Weintrauben

die Ananas

die Mango

die Kirschen

die Zitrone

die Karotte

der Brokkoli

die Gurke

die Kartoffeln

die Erbsen

der Paprika

der Käse

der Einkaufskorb

die Aubergine

der Einkaufswagen

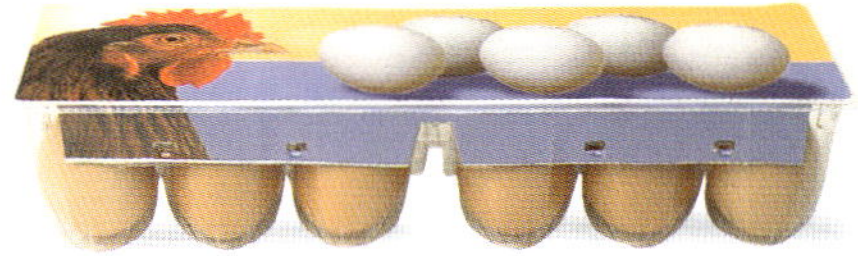

die Eier

die Marmelade

die Dose

die Tomate

der Saft

das Speiseöl

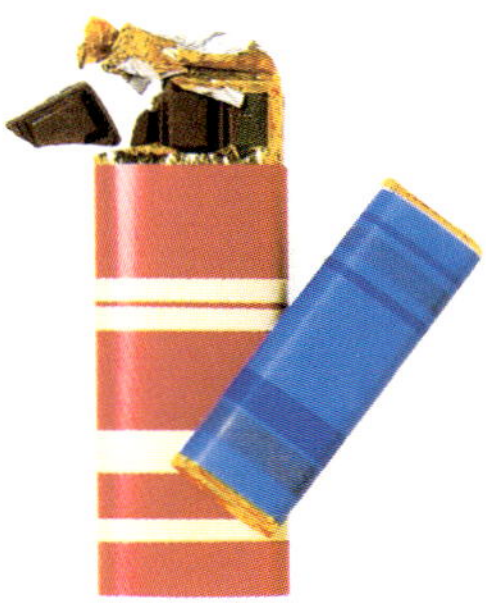

die Schokolade

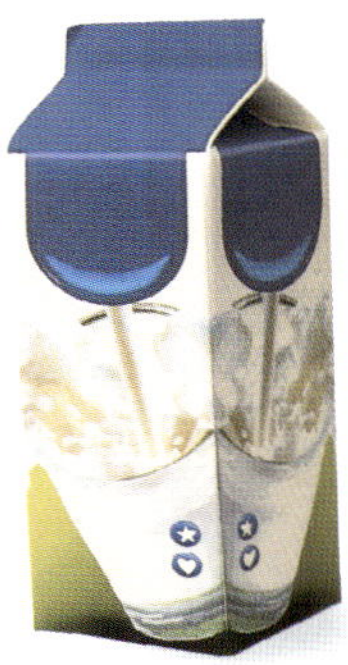

die Milch

die Nudeln

die Butter

der Jogurt

das Mehl

das Spülmittel

das Waschpulver

die Kasse

In der Schule

die Staffelei

das Bild

malen

das Klassenzimmer

die Lehrerin

die Schüler

der Computer

der Musikraum

das Klavier

die Haarpinsel

die Wasser-
farben

der Globus

das Becken

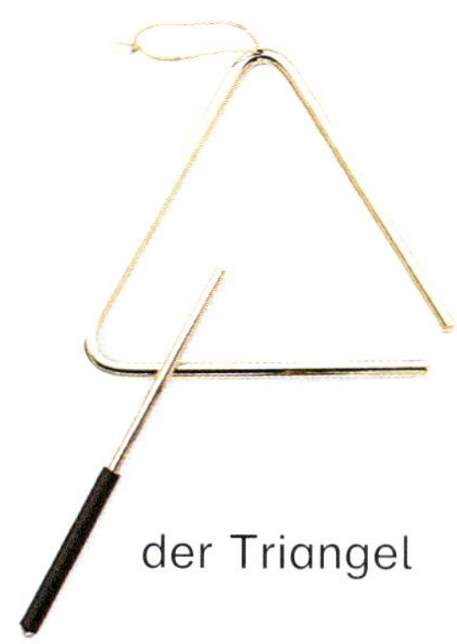

der Triangel

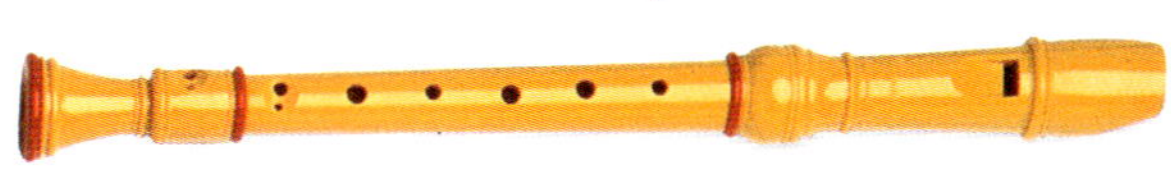

die Blockflöte

das Papier

der Spitzer

die Radiergummis

die Buntstifte

der Bleistift

die Schere

die Kreide

das Lineal

der Taschen-
rechner

die Bücher

der Klebstoff

das Poster

schreiben

lesen

Berufe

die Krankenschwester

die Fotografin

der Wachmann

der Landwirt

die Anwältin

die Köchin

der Pilot

die Buchhändlerin

der Bauarbeiter

der Chirurg

die Tierärztin

die Designerin

Im Park

die Schaukel

das Klettergerüst

die Rutsche

das Karussell

der Kinderwagen

die Ente

der See

der Drachen

der Eisverkäufer

der Softball

die Schläger

das Segelboot

die Frisbeescheibe

die Parkbank

das Picknick

die Trink-
flasche

der Rucksack

Beim Sport

der Skistock

die Skier

die Skifahrer

der Basketball

der Basketballspieler

die Judokämpfer

die Reiterin

der Rennfahrer

der Snowboardfahrer

das Snowboard

die Eishockeyspieler

der Schlittschuh

der Fußball

der Fußball-
spieler

der Läufer

die Rennradfahrer

der Schnorchel

die Taucherin

die Ballerina

der Golfschläger

der Golfspieler

der Tennisschläger

die Tennisspielerin

die Schwimmerin

Unterwegs ...

die Ampel

der Stau

die Zapfsäule

die Tankstelle

die Autowaschanlage

das Fahrrad

der Rettungswagen

der Geländewagen

der Motorroller

das Motorrad

der Außenspiegel

die Windschutzscheibe

das Bremslicht

die Kühlerhaube

der Scheinwerfer

das Rad

der Sportwagen

der Reifen

Auf der Straße

das Cabrio

der Kleinbus

der Personenwagen

der Reisebus

der Tanklaster

der Lastwagen

das Taxi

das Feuerwehrauto

der Polizeiwagen

die Luxuslimousine

In der Luft

die Tragfläche

das Sportflugzeug

der Heißluftballon

der Propeller

der Hubschrauber

das Segelflugzeug

das Luftschiff

der Flughafen

das Passagierflugzeug

das Überschallflugzeug

der Jumbojet

die Gleitschirmflieger

der Drachenflieger

Auf dem Wasser

die Schwimmweste

das Kanu

das Paddel

das Ruderboot

das Motorboot

das Luftkissenboot

das Rettungsboot

das Segel

die Segeljacht

der Passagierdampfer

die Fähre

das Frachtschiff

der Schlepper

der Fischkutter

der Hafen

der Leuchtturm

Im Wald und auf der Wiese

die Ameisen

der Falter

die Spinne

der Käfer

die Hügel

der Fuchs

der Fischotter

der Wald

der Frosch

die Kröte

das Kaninchen

das Dorf

die Maus

die Wiesenblumen

die Brücke der Fluss

das Gras

das Moos

der Farn

der Pilz

die Eule

die Butterblume

die Brombeeren

das Vogelei

das Vogelnest

der Eichelhäher

das Eichhörnchen

die Libelle

der Specht

Heimische Pflanzen

die Schneeglöckchen

der Baum

die Blütenblätter

das Stiefmütterchen

die Kamille

die Mohnblumen

die Kiefern

die Eicheln

die Ahornsamen

die Kastanie

die Fruchtzapfen

der Efeu

die Sonnenblume

die Löwenzahnsamen

der Löwenzahn

die Rose

die Früchte

die Stechpalme

das Heidekraut

die Seerose

die Knospe

die Zweige

die Blüte

die Blätter

der Ast

die Wurzeln

der Stamm

die Rinde

der Fingerhut

die Osterglocken

der Kaktus

die Tulpen

der Stängel

Auf dem Bauernhof

die Kuh

das Kalb

die Ziege

das Pferd

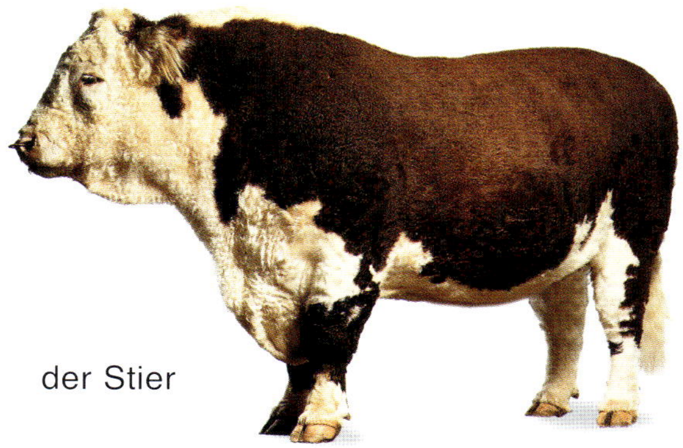

der Stier

der Hahn

die Ferkel

der Hofhund

die Henne

die Küken

das Lamm das Schaf

die Erntemaschine

die Obsternte

der Truthahn

die Gans

die Felder

das Schwein

der Zaun

das Bauernhaus

der Traktor

der Pflug

Am Strand

der Strand das Meer

die Muschel

der Seetang

die Kiesel

der Seestern

der Krebs

die Möwe

die Klippen

der Schwimmflügel

der Käscher

die Fische

am Wasser spielen

das Windrad

der Sonnen-
schirm

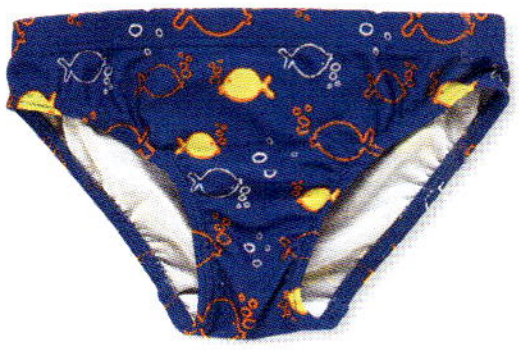

die Badehose

die Sonnen-
creme

der Badeanzug

schwimmen

die Schwimmbrille

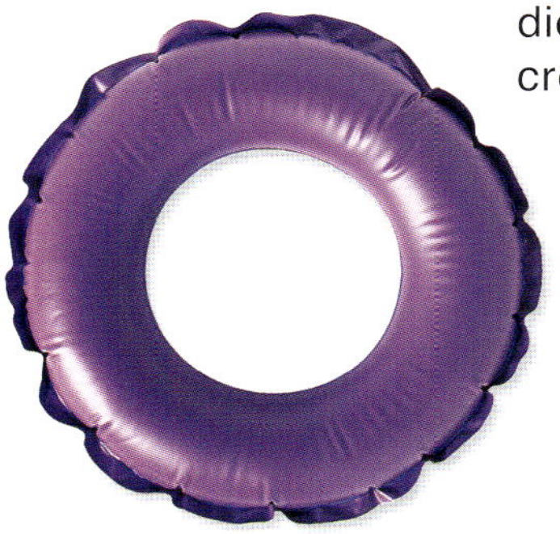

der Schwimmreifen

der Wasserball

das Surfbrett

surfen

die Welle

die Sand-
schaufel

die Sonnenbrille

die Schirmmütze

der Eimer

das Eis

die Sandburg

der Sand

der Sonnenhut

der Liegestuhl

sitzen

die Strand-
tasche

Tiere der Wildnis

das Nashorn

die Giraffe

der Rüssel

der Elefant

das Gürteltier

das Stachelschwein

das Dromedar

die Mähne

der Löwe

der Tiger

das Zebra

der Leopard

der Panda

der Eisbär

der Koala

das Buschbaby

der Hirsch

der Braunbär

das Känguru

der Orang-Utan

die Eidechse

die Schlange

der Kapuzineraffe

das Flusspferd

das Krokodil

Vögel

der Tukan

der Kakadu

der Lachende Hans

die Taube

der Kolibri

der Pfau

der Pinguin

der Flamingo

der Papageientaucher

der Geier

der Schwan

der Adler

die Klauen

der Strauß

Meerestiere

die Meeresschildkröte

der Fischschwarm

der Hai

der Wal

der Seelöwe

der Korallenfisch

der Stechrochen

der Aal

die Qualle

der Seestern

der Krake

der Delfin

die Koralle

die Seepferdchen

Das Wetter

die Sonne

der Himmel

der Regen

der Wind

der Regenbogen

der Schneesturm

der Nebel

der Dunst

der Wirbelsturm

das Gewitter

der Schnee

Tages- und Jahreszeiten

der Frühling

der Sommer

der Herbst

der Winter

Die Wochentage

Montag
Dienstag
Mittwoch
Donnerstag
Freitag
Samstag
Sonntag

Die Monate

Januar
Februar
März
April
Mai
Juni
Juli
August
September
Oktober
November
Dezember

der Morgen

der Nachmittag

der Abend

die Nacht

Gegensätze

fröhlich

traurig

geschlossen

offen

alt

neu

groß

klein

dick

dünn

links

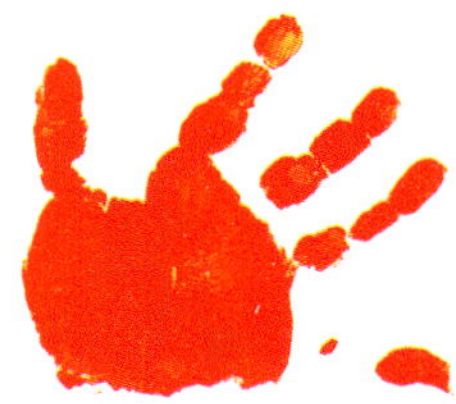
rechts

leicht

schwer

langsam

schnell

hart

weich

nass

trocken

voll

leer

glatt

rau

vorne

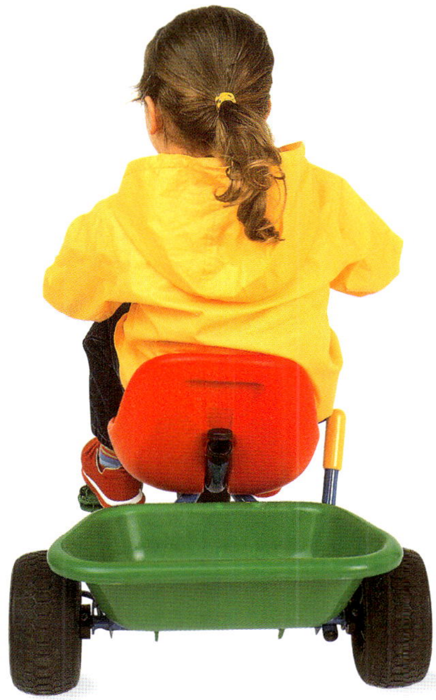

hinten

kurz

lang

sauber

schmutzig

heiß

kalt

Formen

das Quadrat

das Dreieck

das Rechteck

der Kreis

der Stern

das Oval

die Raute

der Ring

das Herz

Farben

rot

gelb

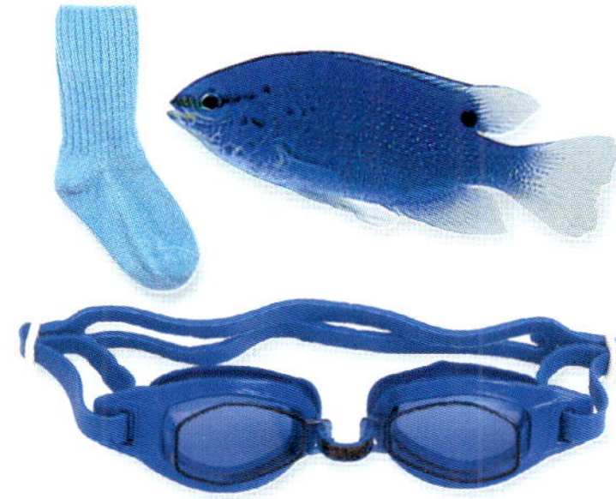

blau

grün

lila

orange

rosa

braun

grau

weiß

schwarz

bunt

Zahlen

1
eins

2
zwei

3
drei

4
vier

5
fünf

6
sechs

7
sieben

8
acht

9
neun

10
zehn

11
elf

12
zwölf

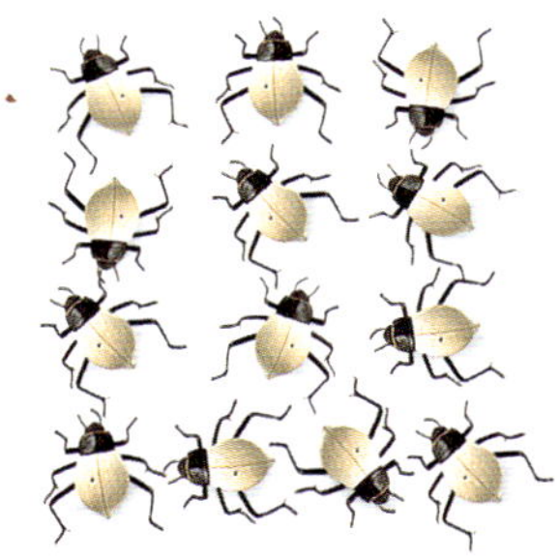

13
dreizehn

14
vierzehn

15
fünfzehn

16
sechzehn

17
siebzehn

18
achtzehn

19
neunzehn

20
zwanzig

50
fünfzig

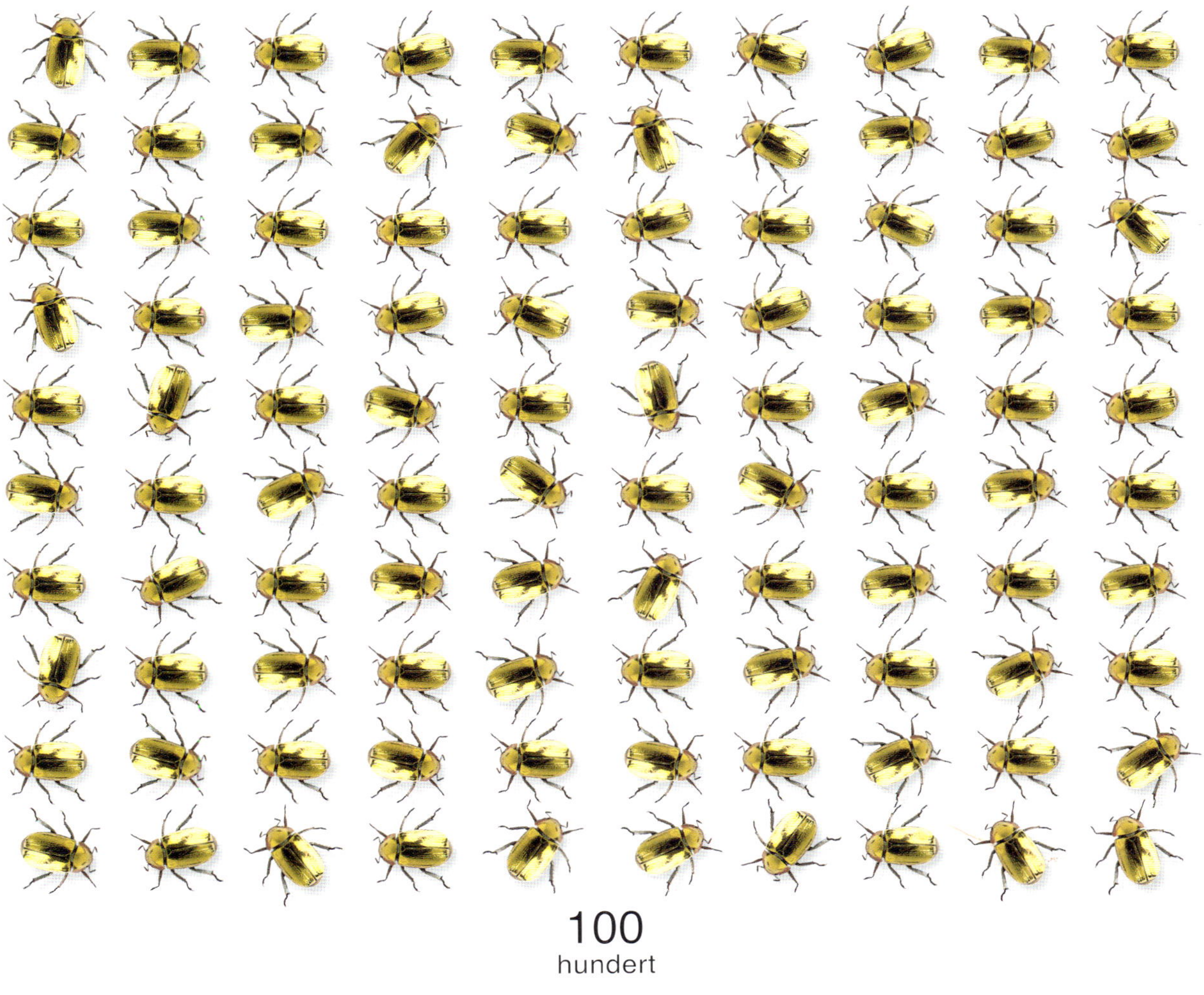

100
hundert

Wörterliste

T

U

V

W

Z

Bildquellennachweis (Fotos):

Andy Crawford, Steve Gorton, Dave King, Ray Moller

Wir danken der DaimlerChrysler AG (Taxi, Polizeiwagen, Seite 39), der Firma System Strobel (Rettungswagen, Seite 38), der Metz GmbH & Co. KG (Feuerwehrauto, Seite 39) sowie der JAKO-O GmbH (Matschhose, Seite 8) für die Bereitstellung von Bildmaterial.